Me llamo...
John Lennon

Ⓟ Parramón

Proyecto y realización
Parramón Ediciones, S.A.

Dirección editorial
Lluís Borràs

Ayudante de edición
Cristina Vilella

Texto
Carmen Gil Martínez

Ilustraciones
Luisa Vera Guardiola

Diseño gráfico y maquetación
Zink Comunicació S.L.

Dirección de producción
Rafael Marfil

Producción
Manel Sánchez

Primera edición: septiembre 2007
John Lennon
ISBN: 978-84-342-3229-7
Depósito Legal: B-30986-2007
Impreso en España
© Parramón Ediciones, S.A. – 2007
  Ronda de Sant Pere, 5, 4ª planta
  08010 Barcelona (España)
  Empresa del Grupo Editorial Norma
  de América Latina
www.parramon.com

Hola...

Me llamo John Ono Lennon. Bueno, en realidad, al nacer mis padres me pusieron el nombre de Winston, en honor al primer ministro inglés Winston Churchill. Pero cuando conocí a Yoko, me lo cambié por Ono. No quería tener un nombre que había estado relacionado con la Segunda Guerra Mundial.

Fui el fundador de Los Beatles, el grupo de rock más famoso de todos los tiempos. Revolucionamos el panorama musical, conectamos con los jóvenes de todo el mundo, vendimos millones de discos, llenamos estadios... Nunca un grupo musical había tenido tantos seguidores ni despertado tantas pasiones. Nuestras fans gritaban, lloraban y hasta se desmayaban en las actuaciones.

Después de la separación del grupo, saqué más de una docena de discos con Yoko Ono, el amor de mi vida. A su lado me convertí en un pacifista convencido y juntos emprendimos nuestra original lucha por la paz: llenamos el mundo de carteles deseando paz, hablamos de paz con los periodistas desde una cama durante siete días, enviamos bellotas a la gente que mandaba en el mundo, organizamos varios conciertos por la paz... y mi canción *Imagine* (Imagina) se convirtió en himno pacifista.

Me fui demasiado pronto y de manera trágica: me asesinaron cuando sólo tenía cuarenta años. Pero no me despedí del todo. Os dejé mis canciones: mis palabras y mi música. Ése es mi pequeño legado, mi regalo para el mundo.

Entre

Los silbidos de las bombas

Nací un 29 de octubre de 1940 entre los silbidos de las bombas. Durante los primeros años de mi vida, la ciudad de Liverpool fue bombardeada en varias ocasiones por los alemanes. Estábamos en plena Segunda Guerra Mundial. Una guerra en la que participaron más de cincuenta países, hubo millones de muertos y de desaparecidos, se destruyeron montones de ciudades... Una guerra que duró cinco años y que sólo trajo sufrimiento y dolor. Una guerra en la que, como en el resto de las guerras, todos perdieron.

Creo que estos años de mi infancia marcaron mi personalidad y quizá fueron el motivo de que la lucha por la paz se convirtiera en algo tan importante para mí.

Mi padres, Julia Stanley y Alfred Lennon, me llamaron John Winston. Lo de Winston era en honor al primer ministro británico Winston Churchill. Años más tarde, yo me lo cambié: no quería llevar un nombre que había estado relacionado con aquella tremenda guerra.

Cuando llegué al mundo, mi padre no estaba en casa. Pero eso no era nada extraño. Alfred era marino mercante y se pasaba la vida embarcado, yendo de aquí para allá, y yo apenas lo veía. Mi madre tenía que criarme sola. Mi madre... ¡cuánto la quise! Era una mujer alegre y divertida que contagiaba las ganas de vivir. Recuerdo con cariño cuando me cogía por las manos, ponía la radio y me arrastraba en un ajetreado baile hasta que terminábamos los dos agotados y muertos de risa.

Pero la vida fue dura con ella y pronto no pudo con la pesada carga de trabajar y ocuparse de mí, por lo que tuvo que pedir a su hermana, tía Mimí, que me cuidara. Así que me mudé al número 251 de Menlove, una casa con porche y jardín en la que pasé mi niñez y mi adolescencia.

Poco tiempo después, mis padres se separaron definitivamente y viví unos momentos tremendamente difíciles. En una de las visitas, mi padre se empeñó en que me fuera a con él. Mi madre, por supuesto, se negó. Y en el calor de la discusión se les ocurrió la feliz idea de preguntarme a mí con cuál de los dos quería quedarme. Yo, angustiado, sin tener tiempo de pensar, elegí a mi padre. Pero cuando mi madre salió por la puerta, la miré, eché a correr, me agarré a sus piernas y, llorando, le dije que me quedaría con ella. Fue la última vez que vi a mi padre. Bueno, la última vez no, porque volvió a aparecer cuando yo ya era un hombre famoso.

Mi querida tía Mimí

Tía Mimí no se parecía en nada a mi madre; era una mujer severa, de fuerte carácter, a la que también amé mucho, pero con la que discutía a menudo. Creo que no supo entenderme, que no se dio cuenta, como les ocurrió a muchos de los adultos que me rodearon, de que yo era un ser especial, de que era un genio y por eso mi comportamiento era diferente.

Era un muchachito hiperactivo, no podía quedarme quieto, y al mismo tiempo, profundamente tímido. Tenía, además, visiones: veía cosas que no podían ver los demás. Una vez, con nueve años, entré en la cocina diciendo que acababa de ver a Dios.

Estaba muy asustado, necesitaba encontrar a alguien a quien le hubiera ocurrido lo mismo que a mí; por eso leía sobre Oscar Wilde, Dylan Thomas o Vincent van Gogh..., hombres que, como yo, habían tenido visiones. Ésa es la magia de la lectura; además de servirnos de refugio en los malos momentos, nos permite comunicarnos, a través de los libros, con personas con las que nos sentimos identificados, seres que han tenido vivencias parecidas a las nuestras, que han pasado por lo mismo que nosotros, y así no nos sentimos tan solos.

Tío George, el esposo de tía Mimí, era un hombre cariñoso y amable, dueño de una vaquería. Le encantaba estar conmigo y yo disfrutaba mucho a su lado.

Mi madre había conocido a un señor llamado John Dykins y se había enamorado de él. John me caía bien y siempre fue bueno conmigo. Mi madre y él decidieron vivir juntos y no tardé mucho en tener dos hermanas, Julia y Jacqui, que se convirtieron en parte importante de mi vida.

A tía Mimí no le parecía lo suficientemente bueno el colegio que quedaba cerca de casa; así que todos los días tenía que coger el autobús para ir a Dovedale, un centro muy prestigioso.

La verdad es que aunque ella y yo chocamos muchas veces, no puedo dejar de reconocer que se preocupó por mí y me cuidó como a un hijo. En aquel entonces yo era un alumno ejemplar y sacaba buenas notas: tía Mimí estaba feliz. Aunque no faltaron los disgustos, porque alguna que otra vez volví magullado del colegio por haberme peleado con otros niños.

De mi infancia recuerdo también, con especial cariño, Strawberry Fields (Campos de Fresas), un orfanato cercano a la casa de tía Mimí, a cuyo jardín íbamos mis amigos Pete y Nigel y yo para participar en fiestas y vender botellas de limonada por unos peniques.

¡Yo era un genio!

En 1952, cuando tenía doce años, entré en la escuela secundaria Quarry Bank Grammar School. Esta escuela no se parecía en nada a la anterior: la disciplina era muy dura, las normas muy rígidas y los profesores, excesivamente exigentes. Allí uno no se podía mover. O al menos eso me parecía a mí. Y empecé a tener problemas.

Y para colmo de males, un año después nos dejó tío George. Su muerte repentina fue un terrible mazazo. Lo eché muchísimo de menos. Tan triste me quedé que, para desahogarme, me dediqué a hacer dibujos macabros.

Mi infancia no había sido nada fácil: mi padre se había marchado cuando tenía cinco años, mi madre me había dejado con mi tía y ahora mi tío George, una de las personas a las que más quería en el mundo, se había muerto. Era demasiado para un adolescente de sólo trece años. Quizá por eso, cuando me

comportaba mal en Quarry Bank, no me estaba rebelando sólo contra el colegio y contra sus severos métodos, sino contra la vida en general. Pronto me convertí en un auténtico gamberro: interrumpía continuamente las explicaciones de los profesores con alguna payasada, les hacía caricaturas y los imitaba, incumplía todas las normas habidas y por haber. Y cuanto más me castigaban, más rebelde me volvía. Por supuesto, mis notas empezaron a caer en picado. Es posible que, además de mi falta de interés por las materias que allí se enseñaban, mis problemas de vista tuvieran algo que ver en este bajón. Era miope y odiaba llevar gafas.

Me sentía muy incomprendido por los profesores. Ninguno de ellos supo ver que debajo de aquel muchacho agresivo y complicado había un ser sensible que sufría, que aquella actitud pasota no era más que una pose para esconder el dolor. Además, todos se empeñaban en convertirme en un individuo vulgar y corriente, un dentista o un maestro; pero no veían que era un ser excepcional, bastante más inteligente que la mayoría de ellos, y que tenía mucho que dar al mundo. ¡Yo era un genio! Y nadie se daba cuenta. Ni siquiera tía Mimí, que no dejaba de reñirme y tiraba todos mis poemas a la basura.

Además de leer y dibujar, aliviaba mi pena con la radio. Fue en ella donde una noche escuché a un cantante que me dejó totalmente fascinado y me hizo tomar la seria determinación de convertirme en músico, en un gran músico. Se trataba de Elvis Presley, un chico norteamericano que cantaba con su guitarra una música llena de energía: el rock and roll. Desde ese momento empecé a dar la lata a tía Mimí para que me comprara una guitarra: quería ser como Elvis. Por fin, después de mucho insistir, conseguí que pidiera una por catálogo. ¡Gracias, tía Mimí!

Nadie me enseñó a tocar la guitarra. Tampoco tenía conocimientos musicales. Aprendí yo solo, a base de tocar muchas horas de oído en el porche de nuestra casa.

Y comenzó el sueño

En aquellos días sonaba mucho un tipo de música llamada *skiffle*, que se tocaba con instrumentos muy sencillos: una guitarra y otros de fabricación doméstica, como una simple tabla de lavar. Así que no me resultó nada difícil formar mi primer grupo musical: The Quarrymen (Los chicos de Quarry), con mis amigos Pete Shotton, Nigel Whalley e Ivan Vaughan, a los que, como a mí, les apasionaba la música. Ensayábamos en la escuela o en casa de mamá. Por cierto, a ella también le encantaba Elvis Presley.

Los Quarrymen teníamos un estilo *teddy boys* (los chicos teddy), muy de moda en los jóvenes de los años 50. Vestíamos con abrigos largos y pantalones ajustados y llevábamos un tupé tipo Tintín. Nuestra primera actuación en público fue, por supuesto, gratuita, en la calle Rose, el día del Imperio. Estábamos nerviosísimos.

El 6 de julio de 1957 –yo
tenía ya diecisiete años– Los Quarrymen
fuimos invitados a tocar en el picnic que se celebraba cada
año en la parroquia de Woolton. Allí, Ivan Vaughan me presentó
al que se convertiría en mi compañero musical y mi amigo
durante un montón de años: Paul MacCartney. De entrada no me
gustó demasiado: tenía cara de niño bueno, de no haber roto
nunca un plato, era el típico muchacho que gustaba a las
madres para sus hijas; demasiado soso para Quarrymen. Pero mi
opinión cambió radicalmente en cuanto Paul cogió la guitarra.
Era un gran músico y, además, ¡sabía afinarla! Decididamente,
Paul iba a formar parte de nuestro grupo.

Poco a poco empezamos a conocernos. Me enteré de que Paul
llevaba su afición a la música en la sangre: su padre, James
Paul, había sido músico también. Y supe que hacía menos de
un año que Paul había perdido a su madre y se había quedado
completamente destrozado. Había sido la música la que le había
dado fuerzas para seguir. ¡Cuánta pena sentí por él! Pensé que
perder a una madre debía de ser algo terrible; no sabía que poco
después yo también perdería a la mía.

Mi primer amor

Al salir del instituto logré entrar en la Escuela de Arte. Aunque la mayor parte de las asignaturas no me interesaban en absoluto y seguía siendo un alumno de los que ningún profesor quiere tener en sus clases, en aquella escuela me encontraba mejor. Era un lugar mucho más relajado y me sentía más libre.

Allí conocí a Cynthia Powell, una compañera de clase de larga melena rubia, y me enamoré perdidamente de ella. Con mis payasadas, mi tupé y mis pantalones pitillo, logré que se rindiera a mis encantos y empezamos a salir juntos. Siempre estábamos sin un duro, pero disfrutábamos paseando cogidos de la mano y mirándonos a los ojos: ¡estábamos enamorados! De vez en cuando íbamos al cine; pero la mayor parte de los días cogíamos el ferry y acabábamos en New Brighton, un parque de atracciones junto al mar.

Cynthia fue una novia bondadosa y tolerante que aguantó, con demasiada paciencia, mis arranques de mal humor y mi carácter irascible, propenso a los ataques de genio. Yo no era un compañero nada fácil, era un muchacho rebelde y agresivo al que los padres consideraban una mala compañía para sus hijos.

El padre de Paul, por ejemplo, cuando me conoció, le dijo a su hijo que no le gustaba que anduviese conmigo.

También en la Escuela de Arte conocí a uno de mis mejores amigos, un ser especial con el que conecté al instante, un pintor que acabó convertido en músico: Stua Sutcliffe. Desde entonces nos hicimos inseparables.

Por esa época había un chico, amigo de Paul, que parecía mi sombra: lo veía en todas partes. Se llamaba George Harrison y se empeñaba en entrar en Los Quarrymen.

A mí, al principio, no me caía muy bien, la verdad: tenía tres o cuatro años menos que yo y me parecía demasiado crío. Pero un día Paul se lo trajo al ensayo y, cuando lo oí tocar, no tuve más remedio que reconocer que era un excelente guitarrista. Terminamos por aceptarlo en el grupo.

George estaba loco por la música. En las clases, en vez de atender al profesor se dedicaba a dibujar guitarras, y los ahorros de su empleo de repartidor de carne se los había gastado en una guitarra.

Un profundo dolor

En julio de 1958 ocurrió algo que marcaría toda mi vida. Mi madre, que vivía a sólo a quince minutos, había venido a visitarnos. Cuando salió de casa y cruzó la calle hacia la parada de autobús, un coche que venía a gran velocidad la atropelló y murió en el acto. No os podéis imaginar lo que sentí cuando me dieron la noticia. El sufrimiento era tan grande que ni siquiera podía llorar. La pena se me clavó en el pecho y durante mucho tiempo me dolía hasta respirar. Pero nadie lo notaba: yo me tragaba toda la angustia que sentía. Mi carácter se volvió más agresivo, más amargo, y mis problemas de adaptación aumentaron. Me sentía incapaz de seguir adelante. Afortunadamente, el tiempo lo fue curando todo: conseguí superarlo y ver de nuevo la luz. Aunque nunca me olvidé de mi madre. Por eso, más tarde, le dediqué dos de mis canciones: *Julia* y *Mother* (Madre). Esta experiencia me unió más a Paul.

Él era quien mejor podía entenderme, pues también había perdido a su madre. Así que seguimos trabajando juntos, codo con codo, componiendo nuevas canciones. La música se convirtió en mi bálsamo y mi refugio, me dediqué a ella con todo mi ser. No quería pensar en otra cosa más que en componer, cantar y tocar.

Cyn y Stu también me apoyaron mucho. Stu era un tío genial, un verdadero amigo. Nos llevábamos muy bien y decidimos irnos a vivir juntos a un piso. Tanto quería a Stu que, a pesar de que el pobre no tenía ni idea de música, me empeñé en que entrara en Los Quarrymen. A él no le hizo ninguna gracia la propuesta; Stu era pintor y ni por asomo se le había pasado por la cabeza la idea de ser músico. Tampoco estaban muy de acuerdo Paul y George: ¿qué hacía en un grupo musical un guitarrista que no sabía tocar ni un solo acorde? Pero yo era el líder, el que había formado a Los Quarrymen y el que tomaba las decisiones. Así que Stu se compró un bajo con el dinero que había sacado vendiendo un cuadro, aprendió a tocarlo y entró en el grupo. Aunque la verdad es que nunca terminó de sentirse bien en él. Sabía que no era bueno y por eso tocaba de espaldas o se escondía en la parte más oscura del escenario, para que nadie lo notara.

Los escarabajos con más ritmo

Durante aquella época, el grupo cambió a menudo de componentes. Los que nos quedamos definitivamente en él fuimos Paul, George y yo. No teníamos, sin embargo, un batería fijo y eso era un gran problema. Los chicos que tocaban la batería entraban y salían de la banda. También el nombre del grupo cambiaba cada dos por tres: nos llamamos Johnny & the Moondogs (Juanito y los perros de la Luna), Beat brothers (Hermanos de ritmo), Long John & the Silver Beatles –este nombre venía de que algunos me llamaban John Silver, como el personaje de *La Isla del Tesoro*, el famoso libro de Robert Louis Stevenson–, The Silver Beatles...

Lo de Beatles se me ocurrió a mí. Por aquel entonces había un grupo que admirábamos mucho que se llamaba The crickets (Los grillos), así que pensé que nuestro grupo también debía tener nombre de insecto. Y como me encantaba jugar con las palabras, en lugar de llamarle The Beetles, que significa escarabajos, uní esta palabra con beat, que significa ritmo, y de ahí salió The Beatles, Los Beatles. Divertido, ¿no?

Empezamos a actuar en un club llamado Cabash. Era un lugar pequeñito, que se llenaba de gente y en el que pasábamos mucho calor y apenas se podía respirar. ¡Y ganábamos 75 peniques por actuación! Pero éramos felices. Por fin podíamos tocar regularmente ante el público.

Y todo gracias a que la dueña de aquel club tenía un hijo, Pete Best, que era un chiflado de la música. Ella nos pidió que lo aceptáramos en la banda y nosotros lo hicimos encantados: después de todo, necesitábamos un batería y Pete no lo hacía del todo mal.

Pero la gran sorpresa estaría aún por llegar: nos contrataron como teloneros de un gran artista de la época, Gentle, para una gira por Escocia. Los teloneros son los que, en los espectáculos musicales, actúan en primer lugar, como artistas menos importantes. En la gira, las cosas fueron bastante duras: nos alojábamos en auténticos cuchitriles, comíamos una vez al día, hacíamos montones de kilómetros en una vieja furgoneta y, lo peor de todo, no soportaba a Gentle y tenía continuos roces con él. Pero mereció la pena, porque era un paso más en nuestra carrera musical.

El accidentado viaje a Hamburgo

Todo iba viento en popa. Después de la gira por Escocia nos propusieron trabajar en un club de Hamburgo, en Alemania. ¡Bravo! Aquello nos parecía un sueño. Paul, George, Stu, Pete y yo nos lanzamos a la aventura.

Cuando llegamos, nos alojaron en un cine y teníamos que utilizar los servicios públicos. Normalmente usábamos el de señoras, porque estaba más limpio. Además, el local en el que actuábamos estaba en un barrio marginal, muy peligroso.

De hecho, nos vimos metidos en alguna que otra pelea y Stu recibió en una de ellas un buen golpe en la cabeza. El trabajo, además, era inhumano. Compartíamos cartel con otro grupo, Rory Storn & the hurricanes (Rory Storn y los huracanes) y teníamos que tocar con él durante doce horas, turnándonos una hora cada uno. ¡Era agotador! Pero nosotros disfrutábamos mucho. El batería del otro grupo era Richard Starkey, conocido como Ringo Starr porque le gustaban mucho los anillos (ring significa anillo), el que más adelante sería el cuarto beatle.

En Hamburgo conocimos a la fotógrafa Astrid Kircher. Astrid, además de ser bellísima, tenía un estilo y una elegancia que nos cautivaron a todos. Pero fue Stu el que perdió la cabeza por ella. Y ella le correspondió. Los dos estaban tan enamorados que, la segunda vez que viajamos a Hamburgo, Stu decidió dejar la banda, dedicarse de nuevo a pintar y quedarse a vivir con ella.

Un día, Astrid le cortó el pelo a Stu: era un pelado simpático y divertido con el flequillo sobre los ojos, un peinado fresco que cambiaba absolutamente la imagen de teddy-boy que tenía. Nos pareció muy original y aceptamos su sugerencia de hacernos todos el mismo corte. Confiábamos en ella, porque tenía un gusto exquisito, y nos pusimos en sus manos. Astrid nos creó una nueva imagen, con chaquetas y pantalones oscuros y jerséis negros de cuello vuelto.

Todo empezó a torcerse el día que descubrieron que George era menor de edad y lo hicieron abandonar el país. Y por si esto fuera poco, Paul y Pete organizaron un incendio en el cine en el que vivíamos, tirando, sin querer, una vela encendida. Debido a este incidente, también a ellos les pidió la policía que se marcharan. Al final, nos volvimos todos a Liverpool sin poder tocar en el Top Ten, un local bastante bueno para el que nos habían contratado.

Quien piense que Los Beatles lo tuvieron todo fácil desde el principio está totalmente equivocado. Por suerte, en una segunda visita a Hamburgo pudimos actuar por fin en el Top Ten. ¡Ah! y grabamos *My bonnie*, nuestro primer disco, como acompañantes del cantante Tony Sheridan.

¿Quiénes serán esos chicos?

En 1961 empecé también a colaborar con artículos y poemas en el Mersey beat (Ritmo de Mersey), una revista de un amigo mío. Escribir me hacía sentirme bien. Era otra manera de expresarme, de comunicarme, de sacar todo lo que llevaba dentro, de gritarles a los demás cómo era el auténtico John Lennon, un ser humano que, a pesar de su rebeldía contra el mundo, necesitaba ser querido y aceptado. Tanto me gustó la experiencia, que más adelante escribí y publiqué dos libros de gran éxito.

Poco después de mi colaboración en el Mersey se constituyó el primer club de fans de Los Beatles. Estábamos contentísimos. No nos podíamos ni imaginar entonces que la devoción de las fans se iba a convertir pronto en una verdadera locura que nos impediría pasear tranquilamente por las calles o ir al quiosco de la esquina a comprar el periódico.

En Liverpool empezamos a tocar en un club llamado The Cavern (La caverna), un local sin apenas aireación que se llenaba de humo, con un pequeño escenario en el que disfrutábamos haciendo un poco el gamberro, sobre todo yo. Me encantaba gritar, bailar, dar saltos por el escenario, hacer payasadas...

A la gente le gustaba nuestra música y en las actuaciones del Cavern cada vez había más público. Venían chicas de todo Liverpool a vernos y algunas guardaban cola desde la noche anterior para poder estar más cerca del escenario. Estábamos poco menos que alucinados. No podíamos creer lo que estaba ocurriendo.

A pocos metros de allí, en la tienda de discos de un tal Brian Epstein, un cliente preguntó por el disco *My bonnie*, de unos chicos de Liverpool llamados Los Beatles, que tocaban en el Cavern Club. A Brian, que no nos conocía, le picó la curiosidad y fue a vernos una noche. En cuanto nos escuchó tocar y cantar, quedó fuertemente impresionado, se enamoró de nuestra música, supo adivinar que Los Beatles se iban a convertir en algo grande. Nada más terminar la actuación vino a decirnos que quería ser nuestro representante: se encargaría de conseguirnos los conciertos, las giras, las grabaciones de discos... y de subirnos a lo más alto. Nos contagió su entusiasmo y su confianza. Desde ese momento se convirtió en nuestro representante y nuestro amigo.

La primera tarea de Brian fue aconsejarnos que dejáramos de hacer el tonto en el escenario y nos dedicáramos de verdad a tocar y a cantar. Yo acepté a regañadientes. Pero el encontronazo más fuerte entre nosotros se produjo cuando se empeñó en que lleváramos traje de chaqueta y corbata. Para mí eso era demasiado y durante un tiempo me negué. Al final Brian consiguió convencerme, diciéndome que era por el bien del grupo. Así que allí nos teníais a los cuatro, en el escenario del Cavern Club, formales y bien vestidos, con las chaquetas beatles de cuello redondo que tan famosas se harían.

¡Por fin nuestro disco!

¿Que qué era de Cyn? Pues convertida en la mujer invisible, porque Brian nos había pedido que mantuviéramos en secreto nuestro noviazgo, para que las fans no se enfadaran. A pesar de todo, ella seguía a mi lado, yendo cada tarde al Cavern Club, emocionándose con las postales llenas de corazones que le mandaba en mis viajes y aguantando con mucha paciencia mis ausencias. Me pasaba la mayor parte del tiempo de gira, ensayando o actuando. Ya empezaba a vivir para la música y Cyn lo aceptaba. No puedo decir lo mismo de tía Mimí, a la que no le gustaba nada que perdiera el tiempo tocando la guitarra y dando voces con unos melenudos. Ella hubiese preferido que fuese banquero o profesor.

En cuanto a mi querido amigo Stuart, en la primavera de 1962, Astrid nos comunicó la más terrible de las noticias: Stuart acababa de morir, repentinamente, de una hemorragia cerebral.

Hechos polvo, no pudimos evitar recordar el fuerte golpe que Stu había recibido en la cabeza en la pelea de Hamburgo y preguntarnos si tendría algo que ver con su muerte. Estábamos completamente rotos por la pena; sin embargo, aquella noche decidimos tocar y seguir con una serie de actuaciones que teníamos comprometidas por Hamburgo.

Mientras tanto, Brian no dejaba de moverse de aquí para allá intentando que una compañía discográfica nos hiciera caso. Por fin lo consiguió con Emi, que cuando nos escuchó sólo puso una condición: Pete Best debía quedar fuera del grupo. George, Paul y yo lo tuvimos claro desde el principio, ésta era la oportunidad de conseguir hacer realidad nuestro sueño, de tener nuestro propio disco, y no la íbamos a dejar escapar: le pedimos a Brian que despidiera a Pete.

Muchas veces he pensado en aquello y creo que fue cruel: debíamos haber dado la cara, debíamos habérselo dicho nosotros mismos y no mandar a un mensajero. Pero no tuvimos el valor necesario. Nos sentíamos embriagados, deslumbrados por lo rápida que iba nuestra carrera hacia el éxito, y estábamos dispuestos a saltar cualquier obstáculo que se pusiera en nuestro camino. Pete sufrió mucho y yo lo esquivé durante semanas, era incapaz de encontrármelo y mirarlo a los ojos. Sus fans, además, estaban tan enfadadas que no dejaban de gritarnos y abuchearnos en las actuaciones.

Por esas mismas fechas, Cynthia me anunció que estaba embarazada. ¡Iba a ser padre! En aquel momento en que Los Beatles habían echado a volar, en que nuestros deseos se empezaban a cumplir, un hijo no era lo que más necesitaba. Pero, a pesar de ello, sentía que debía estar con Cynthia, que no podía abandonarla. La quería y le pedí que se casara conmigo.

El hombre de los anillos

Ringo era un tipo estupendo, bondadoso, divertido y siempre de buen humor. A pesar de que había tenido una infancia algo complicada. Según me contó, era un niño enfermizo que se había pasado varios años hospitalizado a causa de diferentes enfermedades. En una de las largas hospitalizaciones, cuando tenía trece años, su padrastro le regaló unos tambores de segunda mano. Y fue así como se aficionó a la percusión, hasta convertirse en un excepcional batería y en el cuarto beatle.

Al tiempo que Ringo se integraba en el grupo, Cyn y yo organizábamos la boda de prisa y corriendo. El 23 de agosto de 1962, con un tiempo horrible, nos casamos en una oficina de registro de Mount Pleasant. Yo llevaba un traje de chaqueta y Cyn, un vestido que le había regalado Astrid. Paul fue nuestro padrino y ni siquiera hubo fotografías. Y como por la noche teníamos que actuar, tampoco tuvimos luna de miel.

Brian me pidió una vez más que mantuviera en secreto mi boda y mi próxima paternidad. Para compensarnos a Cyn y a mí, nos hizo nuestro mejor regalo de bodas: nos prestó un piso que él apenas usaba. Ahora, pasado el tiempo, comprendo lo mal que lo debió pasar la pobre Cyn: las horas de soledad, el no poder decir a nadie que era mi esposa y, conforme le iba creciendo la barriga, ni siquiera tener la posibilidad de pasear conmigo en público. La verdad es que no sé cómo consiguió aguantarlo. Pero lo hizo, y siempre estuvo ahí esperándome, dándome el orden, la estabilidad y la tranquilidad que yo necesitaba para descansar de la gran locura en la que se estaba transformando mi vida.

Y, por fin, en noviembre de 1962 salió al mercado nuestro primer sencillo, un disco llamado *Love me do* (Ámame) con sólo dos canciones. Y en marzo de 1963, el primer álbum, *Please, please me* (Por favor), con ocho canciones de Paul y mías y seis más de otros autores. Parecía mentira que aquellos círculos negros contuvieran tantas ilusiones, tantas horas de trabajo, tantos sueños. Las canciones empezaron a gustar en Gran Bretaña y algunas de ellas se convirtieron pronto en número uno en las listas de éxitos.

¡Qué cosa tan pequeña!

El 8 de abril de 1963, tres días antes de salir a la luz nuestro segundo álbum *From me to you* (De mí para ti), nació nuestro hijo. Como siempre, yo estaba de gira, así que no lo conocí hasta tres días después de venir al mundo. Le llamamos Julián en honor a mi madre, Julia. Cuando lo tuve por primera vez entre mis brazos, tan pequeño, tan frágil, me invadió una oleada de ternura y se me llenaron los ojos de lágrimas. La intimidad duró poco. Cuando el personal del Sefton General Hospital se enteró de que estaba allí John Lennon, los alrededores de la habitación se llenaron de pacientes y empleados curiosos que querían verme.

Al salir, no tuve más remedio que ponerme a firmar montones de autógrafos. Y volví a marcharme. Menos mal que tía Mimí ayudó a Cyn con el bebé, porque yo no le serví de mucho. Me pasaba la mayor parte del tiempo fuera y no dedicaba a Julián el tiempo y la atención que un hijo precisa. Era muy joven y estaba demasiado preocupado por triunfar. Entonces no era el padre de un niño que me necesitaba, era el beatle John Lennon. Cuando quise darme cuenta del error que había cometido, Julián era ya un adolescente y yo apenas lo conocía.

Gritos, llantos y desmayos

Conforme Los Beatles nos íbamos haciendo más populares, iban aumentando nuestras fans. En las actuaciones, miles de chicas gritaban sin parar hasta quedarse afónicas, lloraban, sufrían ataques de nervios y algunas hasta se desmayaban. No podíamos salir a la calle sin que nos persiguieran para pedirnos autógrafos. Querían acercarse a nosotros, tocarnos e incluso quedarse con algo nuestro. Por eso un día decidí dejar de llevar bufanda, porque más de una vez me la habían arrancado a tirones.

Cuando llegábamos a una ciudad teníamos que alojarnos cada uno en un hotel distinto para que las fans no nos localizaran. En varias ocasiones nos vimos obligados a salir disfrazados o escondidos en una furgoneta de reparto para no ser perseguidos y acosados por una pandilla de muchachitas histéricas. Y desde que conocieron la existencia de Cyn y Julián, a todas horas teníamos, día y noche, a un montón de fans esperándonos en la puerta de nuestra casa. Pese a todo, sólo siento por las fans respeto y agradecimiento. Ellas hicieron crecer a los Beatles, ellas lo convirtieron en el grupo musical más importante del siglo XX y a ellas les debemos todo lo que fuimos.

El éxito era imparable, nuestras canciones se escuchaban en el mundo entero. El 4 de noviembre actuamos en el London Palladium, en un espectáculo importantísimo al que asistió la Reina. Aquel ambiente tan formal, tan pomposo y lleno de lujos me agobiaba un poco. Al terminar de tocar no pude evitar dirigirme al público para decirle: «Los de los asientos baratos que aplaudan, el resto que agite las joyas». Sólo fue una pequeña broma, pero se hizo muy, muy famosa.

La conquista de América

Brian marchó a América para darnos a conocer y, en poco tiempo, varias de nuestras canciones se colocaron en el número uno de las listas de ventas.

Paul, Ringo, George y yo, después de una exitosa gira por Francia, nos fuimos a Estados Unidos. Ni en nuestros mejores sueños habíamos podido imaginar lo que allí nos esperaba. Nada más bajar del avión, en el aeropuerto de Nueva York, miles de fans nos recibieron dando chillidos y con una enorme pancarta que decía: «Elvis ha muerto, vivan Los Beatles». Al hotel tuvimos que ir escoltados por cuatro coches de policías. Y cuentan que las sábanas de una de las camas que utilizamos fueron cortadas en trocitos de un centímetro y vendido a diez dólares cada uno.

Todas las actuaciones se llenaban, no podíamos salir

del hotel sin que nos persiguieran las fans, había periodistas por todas partes y hasta nos invitaron dos veces al espectáculo de Ed Sullivan, el programa más prestigioso de Estados Unidos.

Luego se sucedieron las giras por todo el mundo: Dinamarca, Holanda, Hong Kong, Australia, Suecia, de nuevo Estados Unidos... De cada actuación salíamos más decepcionados: las fans gritaban con tanta fuerza que no se nos podía oír.

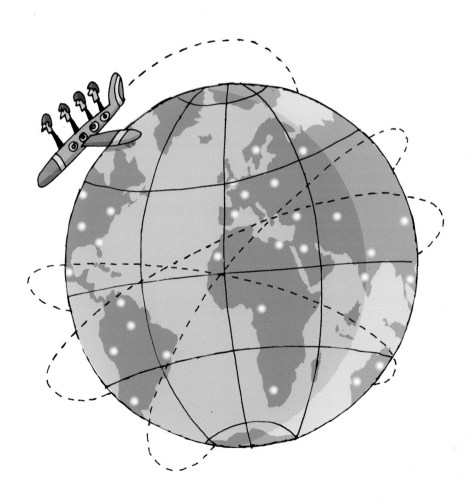

Alguna vez cambié la letra de una canción por un puñado de tonterías y comprobé con tristeza que nadie se daba cuenta. Tal era el griterío, que en una de las actuaciones, en Washington, la compañía discográfica quiso grabar un disco en directo; pero al final no tuvo más remedio que tirar la grabación, porque sólo se oían gritos.

En la última gira americana se organizó un tremendo escándalo a consecuencia de unas palabras mías en una rueda de prensa: había comentado que Los Beatles eran más famosos que Jesucristo. No tenía intención de herir a nadie, de verdad, sólo quise decir que, en ese momento, éramos muy conocidos. Pero, aunque pedí perdón, en Estados Unidos la gente estaba indignada y hubo hasta quema de discos nuestros. Menos mal que, poco a poco, la cosa se fue tranquilizando y la aguas volvieron a su cauce. ¡Menudo lío por unas cuantas palabras dichas sin mala intención!

Las actuaciones en directo nos dejaban cada vez peor sabor de boca. Un día, Ringo, George, Paul y yo tomamos una seria decisión: no tocaríamos más en vivo. Y el 29 de agosto de 1966 nos despedimos de los conciertos en directo en San Francisco.

Entre gira y gira no habíamos dejado de grabar discos: *She loves you* (Ella te ama), *I want to hold your hand* (Quiero coger tu mano), *Twist and shout*, *Love me do* (Ámame), *A hard day's night* (Qué noche la de aquel día), *Help* (Socorro), *Yesterday* (Ayer)... El ritmo de trabajo era trepidante y ni qué decir tiene que apenas podíamos ver a nuestras familias. Cuando nos quedaba tiempo, nos gustaba reunirnos en una enorme casa que habíamos comprado Cyn y yo, llena de gatos, ¡me encantaban!, y jugábamos al scalextric.

Además de músicos

En junio de 1965 nos dieron una noticia que nos dejó boquiabiertos: la reina Elizabeth nos iba a nombrar a los cuatro Miembros de la Orden del Imperio Británico. Y yo que creía que las medallas sólo se ganaban en las guerras... Muchos de los miembros de la Orden se enfadaron de que hubieran concedido ese título tan importante a un puñado de melenudos como nosotros y devolvieron sus medallas. También yo devolví la mía a la Reina, como protesta por la participación de Gran Bretaña en la guerra de Biafra, pero envuelta en papel higiénico. Pero eso sucedería años más tarde. Su Majestad se enfadó muchísimo conmigo y no me lo perdonó jamás.

Los Beatles no sólo fuimos músicos y Caballeros de la Orden del Imperio Británico, también hicimos nuestros pinitos como actores.

Nuestra primera película fue *A hard day's night* (Qué noche la de aquel día).

El título era una frase que pronunció Ringo tras una noche de mucho trajín. La película mostraba cuarenta y ocho horas de la vida de un grupo famoso. Más adelante, en 1965, rodamos *Help* (Socorro), que trataba de un grupo de seguidores de la diosa hindú Kali que quería robar uno de los anillos de Ringo. Era una película de aventuras muy divertida.

La verdad es que actuar me encantaba, siempre me había gustado, desde que me subía al escenario del Cavern Club a hacer payasadas. Por eso no lo dudé cuando me propusieron intervenir, yo solo, en una película que se iba a rodar en España: se titulaba *How I won the war* (Cómo gané la guerra). Pasé unos días maravillosos en el rodaje en Almería. Allí, precisamente, compuse mi canción, *Strawberry Fields* (Campo de fresas). Para caracterizar a mi personaje, me cortaron la melena *beatle* y me pusieron unas gafas redonditas, y como me sentí muy a gusto con ellas, decidí llevarlas siempre.

Cuando las cosas en Los Beatles empezaron a ir mal, Paul se empeñó en que hiciéramos otra película: *Magical Mystery Tour* (Misterioso y mágico viaje), que fue un fracaso rotundo.

Ésta no fue mi última experiencia en el cine, porque en este ambiente de tensión todavía rodamos una película más: *Let it Be* (Déjalo estar). Lo mejor de ella fue la canción que le daba título.

¡Ah!, se me olvidaba, también nos hicieron una película de dibujos animados: *Yellow Submarine* (Submarino amarillo), que contaba cómo Los Beatles salvaban Pimientolandia de los malvados azules y su guante asesino.

Haz el amor y no la guerra

Y mientras nosotros andábamos ajetreados de acá para allá, el mundo se estaba llenando de gente que vestía ropas de colores brillantes, llevaba flores y collares y defendía el amor, la paz y la naturaleza. Era el movimiento *hippy*. Hippy quiere decir de moda. Este movimiento nació en Estados Unidos, como una forma de protesta contra la guerra de Vietnam.

Los hippies revolucionaron el mundo, mostraron una manera de vivir distinta. En una sociedad en la que lo importante era poseer cada vez más cosas: coche, televisión, casa..., ellos defendían la vida en comunidad en la que todo se compartía, cada uno ofrecía lo que tenía y nada era de nadie. En una sociedad en la que siempre había guerras, ellos rechazaban la violencia y buscaban un mundo en paz. En una sociedad que estaba destruyendo el medio ambiente, que contaminaba y maltrataba el entorno natural sin pensar en las consecuencias, ellos pedían el respeto a la naturaleza.

Con sus melenas largas, su ropas de estampados multicolores, su forma de vivir distinta, sus eslóganes del tipo "Haz el amor y no la guerra", sus curiosas actuaciones como repartir flores por las calles o meterlas en el cañón de fusiles, los hippies escandalizaron al mundo. Mucha gente conservadora, que quería que las cosas quedaran como estaban y que nada cambiara, los criticaron, los llamaron sucios y vagos y pidieron a sus hijos que se mantuvieran lejos de ellos.

La música era muy importante para los hippies y celebraron varios festivales. El más importante de todos fue el de Woodstock, en el verano de 1969. Como protesta por la guerra de Vietnam, casi medio millón de personas se reunió en una granja de Nueva York durante tres días de paz y música. Allí actuaron cantantes muy famosos, como Jimi Hendrix, Joe Cocker, Joan Baez, Janis Joplin...

Pero no todo fueron flores y música en el movimiento hippy. Hubo muchos jóvenes que, en su búsqueda de nuevas formas de ver el mundo, empezaron a consumir drogas. Unos, afortunadamente, tuvieron la oportunidad de darse cuenta de que la droga los estaba destruyendo y la dejaron a tiempo. Otros, como Janis Joplin, Brien Jones –componente de los Rolling Stones–, Jimi Hendrix... murieron jóvenes a consecuencia de su consumo.

Los Beatles sin Brian

El 27 de agosto de 1967 nos comunicaron la trágica noticia de la muerte de Brian Epstein, por haber abusado de pastillas antidepresivas. Sin él, nos sentíamos huérfanos, desvalidos, y las cosas en los Beatles empezaron a ir mal. La presión de formar parte del grupo era demasiado fuerte. Yo no me sentía John Lennon, sino un beatle; y no podía hacer lo que deseaba, sino lo que se esperaba que hiciera un beatle:

había perdido mi libertad. Tocar dejó de ser divertido. Había que sacar a la fuerza un disco detrás de otro y lo hacíamos sin ilusión. No, la muerte de Brian no fue la causa de la separación de Los Beatles; pero quizá, si hubiese vivido, hubiera conseguido mantenernos juntos algún tiempo más.

En aquella época, el movimiento hippy había puesto de moda las filosofías orientales, para buscar en ellas la paz interior y la espiritualidad en un mundo que sólo se preocupaba por el dinero. George estaba muy interesado en la espiritualidad hindú y, en aquel momento tan triste, meses después de la muerte de Brian, nos arrastró a todos a la India, para aprender meditación trascendental.

La meditación trascendental es una técnica que tiene miles de años de antigüedad y consiste en cerrar los ojos y lograr un estado de relajación que produce efectos muy positivos para el cuerpo y la mente, que te hace sentir muy bien... Y allá nos fuimos los cuatro con nuestras esposas, a una escuela de meditación junto al Ganges, en la ladera del Himalaya.

Ringo y su mujer Maureen se marcharon a la semana de estar allí. Aquella vida tan retirada, incómoda, sin ningún tipo de diversión, les aburrió soberanamente. Paul y Jane, su novia, sólo duraron un mes. Los únicos que aguantamos el cursillo entero fuimos George y yo con nuestras esposas. Aunque hubo cosas en el maestro de gurú que me decepcionaron bastante, aprendí mucho en aquellos tres meses y, lo mejor de todo, me di cuenta de que las drogas que había estado consumiendo estaban acabando conmigo. Me entró muchísimo miedo y allí mismo decidí dejarlas. Afortunadamente, pude darme cuenta a tiempo y la vida me dio otra oportunidad.

Después del viaje a la India las cosas empeoraron. Discutíamos a menudo y las relaciones eran muy tensas. Todos empezamos a hacer cosas por separado. Yo quería dejar el grupo, pero Paul me pidió que no lo dijera en público. Sin embargo, meses después fue él quien lo hizo oficial. El 10 de abril de 1970 nos separamos definitivamente. Jamás volvimos a tocar juntos.

El amor de mi vida

Unos años antes, en noviembre de 1966, en una exposición de arte de Londres había conocido a una artista japonesa que me había dejado fascinado: se llamaba Yoko Ono. Sus obras eran sorprendentes, extrañas y originales. Podían no gustarte, pero, desde luego, no te dejaban indiferente. Como mínimo, te hacían abrir la boca y los ojos de par en par. Había, por ejemplo, una manzana para observarla mientras se descomponía; o una escalera y, encima de ella, un catalejo a través del cual se podía ver la palabra "SÍ". Aquella mujer se me metió dentro. Al despedirse de mí me dio una tarjetita que decía: "Respira". A partir de entonces seguí recibiendo tarjetitas con sus mensajes: "Baila", "Mira las luces hasta el amanecer"... Hasta que un día me di cuenta de que no podía vivir sin ella, de que había encontrado al amor de mi vida. Se lo comuniqué a Cynthia y poco después nos divorciamos. Yoko y yo nos casamos en Gibraltar el 20 de marzo de 1969.

Desde que nos enamoramos, Yoko y yo lo compartíamos todo: me acompañaba a los ensayos de Los Beatles, grabábamos discos juntos...

Por alguna razón que no acierto a comprender, a la gente le cayó mal desde el principio y las críticas contra ella fueron feroces. La llamaban bruja; la acusaban de tenerme dominado, de manipularme; la culpaban de la separación de los Beatles... Nada había de cierto en todo aquello. No estaba dominado, ni manipulado, ni hechizado por ninguna bruja. Lo único que pasaba es que la amaba, ¿era tan difícil de entender? Tampoco a Paul, George y Ringo les resultaba demasiado simpática. Decían que no les gustaba que fuera a los ensayos.

Pero Yoko era la mujer de mi vida y yo no estaba dispuesto a pasar ni un minuto separado de ella.

Los discos que sacábamos al mercado Yoko y yo eran diferentes a todo lo que se había hecho hasta el momento: en uno, sus canciones y las mías se mezclaban con sonidos cotidianos: eructos, gritos histéricos... a distintas velocidades; en otro, aparecían mis palabras y las de Yoko pronunciadas cientos de veces y entonadas de todas las maneras posibles; en un tercero no había separación entre las canciones...

Imagina un mundo de paz

Lo más importante fue nuestra lucha conjunta por la paz. En Amsterdam pasamos siete días en la cama, recibiendo en pijama a montones de periodistas y hablándoles de la paz. En 1969 hicimos una campaña mundial por la paz contratando vallas publicitarias en las principales ciudades de Europa, Asia y América para desear paz y feliz Navidad. En enero de 1970 los dos nos rapamos la cabeza para anunciar la llegada de una Nueva Era. Mis canciones *Give peace a chance* (Da una oportunidad a la paz) e *Imagine* (Imagina) se convirtieron en himnos pacifistas...

Sin embargo, había algunas cosas que enturbiaban nuestra felicidad: el ex marido de Yoko se había llevado a su hija Kyoko, y Yoko sufría mucho. Además, teníamos muchas ganas de tener hijos, pero Yoko abortaba cada vez que se quedaba embarazada. Esto, unido a las presiones de las críticas y a que yo no la trataba todo lo bien que Yoko se merecía, provocó nuestra separación. Yo lo llamé "el fin de semana perdido"; pero fueron dieciocho meses de desesperación, de echarla mucho de menos y de hundirme en un pozo de tristeza.

Cuando volvimos a estar juntos y parecía que ya no cabía en mi corazón más felicidad, Yoko me anunció que íbamos a tener un hijo. El pequeño Sean nació el 9 de octubre de 1975. A partir de ese momento lo dejé todo para dedicarme exclusivamente a él. No quería cometer el mismo error que con mi hijo Julián. Mientras Yoko se ocupaba de los negocios, yo cambiaba pañales, horneaba pan, jugaba con Sean... No componía, ni siquiera escuchaba música; pero lo mejor de todo es que me di cuenta de que podía pasar sin todo aquello. Durante cinco años fui un fantástico amo de casa. Después de este período de inactividad creativa, en noviembre de 1980 Yoko y yo grabamos un nuevo álbum: *Double fantasy* (Doble fantasía). En él puse todo mi amor en la canción *Woman* (Mujer), dedicada a Yoko, a la que amaba más que a mi propia vida.

Un triste final

Por fin parecía haber encontrado el equilibrio, había salido de mi confusión y me había convertido en un pacifista convencido. Era muy feliz junto a Yoko y Sean. Me sentía lleno de vida y de ganas de hacer cosas. Pero la noche del 8 de diciembre de 1980, un individuo, al que había firmado un autógrafo unas horas antes, se me acercó en el portal del edificio en el que vivíamos y me disparó siete veces.

El 14 de diciembre, medio millón de personas se reunieron en Central Park para rendirme homenaje y en todo el mundo se guardaron diez minutos de silencio en mi memoria.

A pesar de los siete balazos que recibí, John Lennon no murió aquella noche de diciembre, porque la música de Los Beatles sigue emocionando a mayores y a jóvenes, la gente se sigue interesando por mi vida, mis canciones con Yoko o en solitario siguen siendo escuchadas con placer por muchas personas, mis libros se siguen leyendo, *Imagine* sigue siendo un himno pacifista, mi música sigue viva. Ése es mi legado, la pequeña aportación que yo, John Lennon, hago al mundo. Espero que disfrutéis mucho de ella.

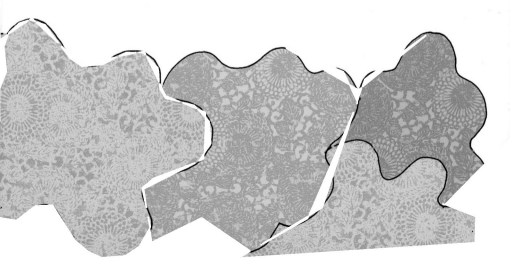

Años	Vida de John Lennon	Historia
1940-1950	1940. Nace en Liverpool. 1945. Se va a vivir con tía Mimí y tío George.	1941. En una cadena de Nueva York se emite el primer anuncio televisivo. 1945. EE. UU. lanza la primera bomba atómica sobre Hiroshima. Fin de la Segunda Guerra Mundial. 1948. Asesinato de Gandhi.
1950-1960	1957. Funda Los Quarrymen. 1958. Muere su madre, Julia, atropellada por un coche.	1950. Comienza la guerra de Corea, que durará tres años. 1952. Isabel II de Inglaterra, proclamada reina. 1959. Declaración de los Derechos del Niño (Naciones Unidas).
1960-1970	1962. Primer disco de Los Beatles: *Love me do.* 1963. Nace su hijo Julian. 1964. Gran gira por EE. UU. Publica su primer libro. Se estrena *A hard day's nigth.* 1966. Último concierto en vivo de Los Beatles. John conoce a Yoko Ono. 1967. Muere Brian Epstein. 1968. Viaje a la India de Los Beatles. John y Cyn se divorcian. 1969. Se casa con Yoko. 1970. Paul deja el grupo. Último LP de Los Beatles: *Let it Be.*	1961. Se inicia la construcción del muro de Berlín que parte en dos la capital alemana. 1965. Guerra de Vietnam. 1968. Se producen las revueltas estudiantiles del mayo francés. Martin Luther King es asesinado.
1970-1980	1971. Se edita *Imagine.* 1973. Se separa temporalmente de Yoko. 1975. Nace su hijo Sean. 1980. Aparece el disco *Double Fantasy.* John es asesinado.	1973. En Chile, el general Pinochet derroca al presidente Allende. 1975. Acaba la guerra de Vietnam. 1978. Mueren Pablo VI y Juan Pablo I. Carol Wojtyla, elegido Papa. 1979. Teresa de Calcuta, Premio Nobel de la Paz.

Ciencia

1945. Fleming, Premio Nobel de Medicina.
1943. L. Biro inventa el bolígrafo.
1948. Se crea el primer ordenador, que ocupa una habitación entera.
1949. La RCA introduce los discos de 45 rpm.

1951. Primera central nuclear en EE. UU.
1955. Fallece A. Einstein (teoría de la relatividad).
1957. Primer lanzamiento al espacio de un ser vivo (la perra Laika, en el *Sputnik 2*).

1963. Larry Roberts inventa Internet.
1967. Primer transplante de corazón.
1969. Neil Armstrong es el primer hombre en pisar la Luna.
1970. Sale a la venta la primera calculadora de bolsillo.

1972. Ralph Baer inventa la videoconsola.
1973. M. Cooper inventa el teléfono móvil.
1975. Bill Gates y Paul Allen fundan Microsoft.
1976. El Concorde realiza su primer vuelo comercial.

Artes

1940. Se estrena en Nueva York *El Gran Dictador*, de Ch. Chaplin.
      Nace Ringo Starr.
1942. Nace Paul McCartney.
1943. Nace George Harrison.
      Se publica *El principito*, de A. de Saint-Exupéry.

1954. Nace el rock & roll. A. Hitchcock rueda *La ventana indiscreta*.
      Muere Frida Kahlo.
1956. J.R. Jiménez, Premio Nobel de Literatura.

1961. Goscinny y Uderzo crean el personaje de Asterix.
1965. Nace J.K. Rowling, autora de *Harry Potter*.
1968. Se estrena *2001: Una odisea del espacio*, de Stanley Kubrick.
1969. Se celebra el mayor festival de música y arte en Woodstock.

1970. Mueren Jimi Hendrix y Janis Hoplin.
1971. Nace en Londres el grupo Queen.
1973. Muere Picasso.
1980. Se estrena *El Imperio contraataca*, segunda parte de la trilogía *Star Wars*.

Me llamo...

Es una colección juvenil de biografías de personajes universales. En cada volumen una figura de la historia, de las ciencias, del arte, de la cultura, de la literatura o del pensamiento nos revela de una forma amena su vida y su obra, así como el ambiente del mundo en el que vivió. La rica ilustración, inspirada en la época, nos permite sumergirnos en su tiempo y su entorno.

John Lennon

Nacido en Liverpool (Reino Unido), a pesar de los pocos años que vivió, apenas cuarenta, John revolucionó el mundo de la música pop. Con el grupo Los Beatles, en la década de 1960, se encaramaron a las listas de éxitos de todo el mundo, y se hicieron eco de un estilo de vida, hippy, que marcó a toda una generación. John fue un músico y compositor de notable calidad, con un agudo sentido melódico, que abordó con igual éxito las baladas más intimistas y los ritmos más frenéticos. Tras la disolución del grupo musical y su vida con la artista japonesa Yoko Ono, John se convirtió en un icono del pacifismo, truncado, paradójicamente, a manos de un fanático. Siempre que oímos *Imagine* nos invade una extraña sensación, entre la nostalgia y la esperanza.